CHART OF ACCOUNTS

(IS A LIST OF ACCOUNT NAMES WITH CORRESPONDING ACCOUNT NUMBERS)

ACCOUNT#	DESCRIPTION	ACCOUNT TYPE

ACCOUNT : **ACCOUNT# :** **SHEET :**

DATE		DESCRIPTION	POST REF.	DEBIT (-)		CREDIT (+)		BALANCE	

Differences Between General Journal vs General Ledger

What is a General journal?

The general journal is one of the books of accounts which records every business transaction relating to all the accounting items like sales, inventory, accounts receivables, accounts payables, adjustment entries etc. in chronological order. The general journal is the entry point for any kind of business transaction to make its way into the books of accounts of the company before it flows to the next level of classification of transactions in accountancy. It must be noted that there is a concept of duality in accounts which results in double entry accounting system. Hence, every business transaction is recorded in such a way that it affects two accounts in terms of credit and debit entry.

What is General Ledger?

Once a transaction is posted into a general journal, the next step is to classify the transactions based on the accounts which they affect. So general ledger is one more book of accounts that records the transaction, after being posted into a general journal, on the basis of the type of account affected by the transaction in terms of credit and debit.

Conclusion

The general journal is a catch-all book of accounts where initial entry of the business transaction is recorded for the first time, in chronological order, making general journal an excellent place to review accounting transactions. The general ledger is more of a summary at the account level of every business transaction which comes from various journals containing chronological accounting entries. This information entered into the journal and summarised into the ledger is then aggregated further into a trial balance, which is used to generate the financial statements of the business entity.

The use of journals has been on a steep decline with the increasing use of automated accounting systems. Most of the accounting systems allow the user to information directly into the general ledger and skipping the need to make journal entries. So, the need for the journal may have been getting more and more obsolete in the computerized environment but it still holds great importance in the world of bookkeeping.

CHART OF ACCOUNTS

(IS A LIST OF ACCOUNT NAMES WITH CORRESPONDING ACCOUNT NUMBERS)

ACCOUNT#	DESCRIPTION	ACCOUNT TYPE

ACCOUNT : **ACCOUNT# :** **SHEET :**

DATE		DESCRIPTION	POST REF.	DEBIT (-)		CREDIT (+)		BALANCE	

ACCOUNT : **ACCOUNT# :** **SHEET :**

DATE		DESCRIPTION	POST REF.	DEBIT (-)		CREDIT (+)		BALANCE	

ACCOUNT : ACCOUNT# : SHEET :

DATE		DESCRIPTION	POST REF.	DEBIT (-)		CREDIT (+)		BALANCE	

ACCOUNT : **ACCOUNT# :** **SHEET :**

DATE		DESCRIPTION	POST REF.	DEBIT (-)		CREDIT (+)		BALANCE	

ACCOUNT : ACCOUNT# : SHEET :

DATE		DESCRIPTION	POST REF.	DEBIT (-)		CREDIT (+)		BALANCE	

ACCOUNT : ACCOUNT# : SHEET :

DATE		DESCRIPTION	POST REF.	DEBIT (-)		CREDIT (+)		BALANCE	

ACCOUNT : **ACCOUNT# :** **SHEET :**

DATE		DESCRIPTION	POST REF.	DEBIT (-)		CREDIT (+)		BALANCE	

ACCOUNT : **ACCOUNT# :** **SHEET :**

DATE		DESCRIPTION	POST REF.	DEBIT (-)		CREDIT (+)		BALANCE	

ACCOUNT : ACCOUNT# : SHEET :

DATE		DESCRIPTION	POST REF.	DEBIT (-)		CREDIT (+)		BALANCE	

ACCOUNT : **ACCOUNT# :** **SHEET :**

DATE		DESCRIPTION	POST REF.	DEBIT (-)		CREDIT (+)		BALANCE	

ACCOUNT : ACCOUNT# : SHEET :

DATE		DESCRIPTION	POST REF.	DEBIT (-)		CREDIT (+)		BALANCE	

ACCOUNT : **ACCOUNT# :** **SHEET :**

DATE		DESCRIPTION	POST REF.	DEBIT (-)		CREDIT (+)		BALANCE	

ACCOUNT : ACCOUNT# : SHEET :

DATE		DESCRIPTION	POST REF.	DEBIT (-)		CREDIT (+)		BALANCE	

ACCOUNT : **ACCOUNT# :** **SHEET :**

DATE		DESCRIPTION	POST REF.	DEBIT (-)		CREDIT (+)		BALANCE	

ACCOUNT : ACCOUNT# : SHEET :

DATE		DESCRIPTION	POST REF.	DEBIT (-)		CREDIT (+)		BALANCE	

ACCOUNT : **ACCOUNT# :** **SHEET :**

DATE		DESCRIPTION	POST REF.	DEBIT (-)		CREDIT (+)		BALANCE	

ACCOUNT : **ACCOUNT# :** **SHEET :**

DATE		DESCRIPTION	POST REF.	DEBIT (-)		CREDIT (+)		BALANCE	

ACCOUNT : **ACCOUNT# :** **SHEET :**

DATE		DESCRIPTION	POST REF.	DEBIT (-)		CREDIT (+)		BALANCE	

ACCOUNT : **ACCOUNT# :** **SHEET :**

DATE		DESCRIPTION	POST REF.	DEBIT (-)		CREDIT (+)		BALANCE	

ACCOUNT : **ACCOUNT# :** **SHEET :**

DATE		DESCRIPTION	POST REF.	DEBIT (-)		CREDIT (+)		BALANCE	

ACCOUNT : **ACCOUNT# :** **SHEET :**

DATE		DESCRIPTION	POST REF.	DEBIT (-)		CREDIT (+)		BALANCE	

ACCOUNT : **ACCOUNT# :** **SHEET :**

DATE		DESCRIPTION	POST REF.	DEBIT (-)		CREDIT (+)		BALANCE	

ACCOUNT : ACCOUNT# : SHEET :

DATE		DESCRIPTION	POST REF.	DEBIT (-)		CREDIT (+)		BALANCE	

ACCOUNT : **ACCOUNT# :** **SHEET :**

DATE		DESCRIPTION	POST REF.	DEBIT (-)		CREDIT (+)		BALANCE	

ACCOUNT : ACCOUNT# : SHEET :

DATE		DESCRIPTION	POST REF.	DEBIT (-)		CREDIT (+)		BALANCE	

ACCOUNT : **ACCOUNT# :** **SHEET :**

DATE		DESCRIPTION	POST REF.	DEBIT (-)		CREDIT (+)		BALANCE	

ACCOUNT : ACCOUNT# : SHEET :

DATE		DESCRIPTION	POST REF.	DEBIT (-)		CREDIT (+)		BALANCE	

ACCOUNT : ACCOUNT# : SHEET :

DATE		DESCRIPTION	POST REF.	DEBIT (-)		CREDIT (+)		BALANCE	

ACCOUNT : ACCOUNT# : SHEET :

DATE		DESCRIPTION	POST REF.	DEBIT (-)		CREDIT (+)		BALANCE	

ACCOUNT : **ACCOUNT# :** **SHEET :**

DATE		DESCRIPTION	POST REF.	DEBIT (-)		CREDIT (+)		BALANCE	

ACCOUNT : ACCOUNT# : SHEET :

DATE		DESCRIPTION	POST REF.	DEBIT (-)		CREDIT (+)		BALANCE	

ACCOUNT : **ACCOUNT# :** **SHEET :**

DATE		DESCRIPTION	POST REF.	DEBIT (-)		CREDIT (+)		BALANCE	

ACCOUNT : ACCOUNT# : SHEET :

DATE		DESCRIPTION	POST REF.	DEBIT (-)		CREDIT (+)		BALANCE	

ACCOUNT : **ACCOUNT# :** **SHEET :**

DATE		DESCRIPTION	POST REF.	DEBIT (-)		CREDIT (+)		BALANCE	

ACCOUNT : **ACCOUNT# :** **SHEET :**

DATE		DESCRIPTION	POST REF.	DEBIT (-)		CREDIT (+)		BALANCE	

ACCOUNT : **ACCOUNT# :** **SHEET :**

DATE		DESCRIPTION	POST REF.	DEBIT (-)		CREDIT (+)		BALANCE	

ACCOUNT : ACCOUNT# : SHEET :

DATE		DESCRIPTION	POST REF.	DEBIT (-)		CREDIT (+)		BALANCE	

ACCOUNT : ACCOUNT# : SHEET :

DATE		DESCRIPTION	POST REF.	DEBIT (-)		CREDIT (+)		BALANCE	

ACCOUNT : ACCOUNT# : SHEET :

DATE		DESCRIPTION	POST REF.	DEBIT (-)		CREDIT (+)		BALANCE	

ACCOUNT : **ACCOUNT# :** **SHEET :**

DATE		DESCRIPTION	POST REF.	DEBIT (-)		CREDIT (+)		BALANCE	

ACCOUNT : ACCOUNT# : SHEET :

DATE		DESCRIPTION	POST REF.	DEBIT (-)		CREDIT (+)		BALANCE	

ACCOUNT : ACCOUNT# : SHEET :

DATE		DESCRIPTION	POST REF.	DEBIT (-)		CREDIT (+)		BALANCE	

ACCOUNT : **ACCOUNT# :** **SHEET :**

DATE		DESCRIPTION	POST REF.	DEBIT (-)		CREDIT (+)		BALANCE	

ACCOUNT : **ACCOUNT# :** **SHEET :**

DATE		DESCRIPTION	POST REF.	DEBIT (-)		CREDIT (+)		BALANCE	

ACCOUNT : ACCOUNT# : SHEET :

DATE		DESCRIPTION	POST REF.	DEBIT (-)		CREDIT (+)		BALANCE	

ACCOUNT : **ACCOUNT# :** **SHEET :**

DATE		DESCRIPTION	POST REF.	DEBIT (-)		CREDIT (+)		BALANCE	

ACCOUNT : ACCOUNT# : SHEET :

DATE		DESCRIPTION	POST REF.	DEBIT (-)		CREDIT (+)		BALANCE	

ACCOUNT : **ACCOUNT# :** **SHEET :**

DATE		DESCRIPTION	POST REF.	DEBIT (-)		CREDIT (+)		BALANCE	

ACCOUNT : **ACCOUNT# :** **SHEET :**

DATE		DESCRIPTION	POST REF.	DEBIT (-)		CREDIT (+)		BALANCE	

ACCOUNT : **ACCOUNT# :** **SHEET :**

DATE		DESCRIPTION	POST REF.	DEBIT (-)		CREDIT (+)		BALANCE	

ACCOUNT : ACCOUNT# : SHEET :

DATE		DESCRIPTION	POST REF.	DEBIT (-)		CREDIT (+)		BALANCE	

ACCOUNT : ACCOUNT# : SHEET :

DATE		DESCRIPTION	POST REF.	DEBIT (-)		CREDIT (+)		BALANCE	

ACCOUNT : **ACCOUNT# :** **SHEET :**

DATE		DESCRIPTION	POST REF.	DEBIT (-)		CREDIT (+)		BALANCE	

ACCOUNT : **ACCOUNT# :** **SHEET :**

DATE		DESCRIPTION	POST REF.	DEBIT (-)		CREDIT (+)		BALANCE	

ACCOUNT : ACCOUNT# : SHEET :

DATE		DESCRIPTION	POST REF.	DEBIT (-)		CREDIT (+)		BALANCE	

ACCOUNT : **ACCOUNT# :** **SHEET :**

DATE		DESCRIPTION	POST REF.	DEBIT (-)		CREDIT (+)		BALANCE	

ACCOUNT : ACCOUNT# : SHEET :

DATE		DESCRIPTION	POST REF.	DEBIT (-)		CREDIT (+)		BALANCE	

ACCOUNT : **ACCOUNT# :** **SHEET :**

DATE		DESCRIPTION	POST REF.	DEBIT (-)		CREDIT (+)		BALANCE	

ACCOUNT : **ACCOUNT# :** **SHEET :**

DATE		DESCRIPTION	POST REF.	DEBIT (-)		CREDIT (+)		BALANCE	

ACCOUNT : ACCOUNT# : SHEET :

DATE		DESCRIPTION	POST REF.	DEBIT (-)		CREDIT (+)		BALANCE	

ACCOUNT : ACCOUNT# : SHEET :

DATE		DESCRIPTION	POST REF.	DEBIT (-)		CREDIT (+)		BALANCE	

ACCOUNT : **ACCOUNT# :** **SHEET :**

DATE		DESCRIPTION	POST REF.	DEBIT (-)		CREDIT (+)		BALANCE	

ACCOUNT : **ACCOUNT# :** **SHEET :**

DATE		DESCRIPTION	POST REF.	DEBIT (-)		CREDIT (+)		BALANCE	

ACCOUNT : **ACCOUNT# :** **SHEET :**

DATE		DESCRIPTION	POST REF.	DEBIT (-)		CREDIT (+)		BALANCE	

ACCOUNT : **ACCOUNT# :** **SHEET :**

DATE		DESCRIPTION	POST REF.	DEBIT (-)		CREDIT (+)		BALANCE	

ACCOUNT : **ACCOUNT# :** **SHEET :**

DATE		DESCRIPTION	POST REF.	DEBIT (-)		CREDIT (+)		BALANCE	

ACCOUNT : ACCOUNT# : SHEET :

DATE		DESCRIPTION	POST REF.	DEBIT (-)		CREDIT (+)		BALANCE	

ACCOUNT : **ACCOUNT# :** **SHEET :**

DATE		DESCRIPTION	POST REF.	DEBIT (-)		CREDIT (+)		BALANCE	

ACCOUNT : **ACCOUNT# :** **SHEET :**

DATE		DESCRIPTION	POST REF.	DEBIT (-)		CREDIT (+)		BALANCE	

ACCOUNT : **ACCOUNT# :** **SHEET :**

DATE		DESCRIPTION	POST REF.	DEBIT (-)		CREDIT (+)		BALANCE	

ACCOUNT : ACCOUNT# : SHEET :

DATE		DESCRIPTION	POST REF.	DEBIT (-)		CREDIT (+)		BALANCE	

ACCOUNT : **ACCOUNT# :** **SHEET :**

DATE		DESCRIPTION	POST REF.	DEBIT (-)		CREDIT (+)		BALANCE	

ACCOUNT : **ACCOUNT# :** **SHEET :**

DATE		DESCRIPTION	POST REF.	DEBIT (-)		CREDIT (+)		BALANCE	

ACCOUNT : **ACCOUNT# :** **SHEET :**

DATE		DESCRIPTION	POST REF.	DEBIT (-)		CREDIT (+)		BALANCE	

ACCOUNT : ACCOUNT# : SHEET :

DATE		DESCRIPTION	POST REF.	DEBIT (-)		CREDIT (+)		BALANCE	

ACCOUNT : **ACCOUNT# :** **SHEET :**

DATE		DESCRIPTION	POST REF.	DEBIT (-)		CREDIT (+)		BALANCE	

ACCOUNT : ACCOUNT# : SHEET :

DATE		DESCRIPTION	POST REF.	DEBIT (-)		CREDIT (+)		BALANCE	

ACCOUNT : ACCOUNT# : SHEET :

DATE		DESCRIPTION	POST REF.	DEBIT (-)		CREDIT (+)		BALANCE	

ACCOUNT : ACCOUNT# : SHEET :

DATE		DESCRIPTION	POST REF.	DEBIT (-)		CREDIT (+)		BALANCE	

ACCOUNT : **ACCOUNT# :** **SHEET :**

DATE		DESCRIPTION	POST REF.	DEBIT (-)		CREDIT (+)		BALANCE	

ACCOUNT : **ACCOUNT# :** **SHEET :**

DATE		DESCRIPTION	POST REF.	DEBIT (-)		CREDIT (+)		BALANCE	

ACCOUNT : **ACCOUNT# :** **SHEET :**

DATE		DESCRIPTION	POST REF.	DEBIT (-)		CREDIT (+)		BALANCE	

ACCOUNT : **ACCOUNT# :** **SHEET :**

DATE		DESCRIPTION	POST REF.	DEBIT (-)		CREDIT (+)		BALANCE	

ACCOUNT : ACCOUNT# : SHEET :

DATE		DESCRIPTION	POST REF.	DEBIT (-)		CREDIT (+)		BALANCE	

ACCOUNT : ACCOUNT# : SHEET :

DATE		DESCRIPTION	POST REF.	DEBIT (-)		CREDIT (+)		BALANCE	

ACCOUNT : **ACCOUNT# :** **SHEET :**

DATE		DESCRIPTION	POST REF.	DEBIT (-)		CREDIT (+)		BALANCE	

ACCOUNT : ACCOUNT# : SHEET :

DATE		DESCRIPTION	POST REF.	DEBIT (-)		CREDIT (+)		BALANCE	

ACCOUNT : **ACCOUNT# :** **SHEET :**

DATE		DESCRIPTION	POST REF.	DEBIT (-)		CREDIT (+)		BALANCE	

ACCOUNT :   ACCOUNT# :   SHEET :

DATE		DESCRIPTION	POST REF.	DEBIT (-)		CREDIT (+)		BALANCE	

ACCOUNT : **ACCOUNT# :** **SHEET :**

DATE		DESCRIPTION	POST REF.	DEBIT (-)		CREDIT (+)		BALANCE	

ACCOUNT : **ACCOUNT# :** **SHEET :**

DATE		DESCRIPTION	POST REF.	DEBIT (-)		CREDIT (+)		BALANCE	

ACCOUNT :　　　　　　ACCOUNT# :　　　　　　SHEET :

DATE		DESCRIPTION	POST REF.	DEBIT (-)		CREDIT (+)		BALANCE	

ACCOUNT : **ACCOUNT# :** **SHEET :**

DATE		DESCRIPTION	POST REF.	DEBIT (-)		CREDIT (+)		BALANCE	

ACCOUNT : **ACCOUNT# :** **SHEET :**

DATE		DESCRIPTION	POST REF.	DEBIT (-)		CREDIT (+)		BALANCE	

ACCOUNT : ACCOUNT# : SHEET :

DATE		DESCRIPTION	POST REF.	DEBIT (-)		CREDIT (+)		BALANCE	

ACCOUNT :   ACCOUNT# :   SHEET :

DATE		DESCRIPTION	POST REF.	DEBIT (-)		CREDIT (+)		BALANCE	

ACCOUNT : ACCOUNT# : SHEET :

DATE		DESCRIPTION	POST REF.	DEBIT (-)		CREDIT (+)		BALANCE	

ACCOUNT : **ACCOUNT# :** **SHEET :**

DATE		DESCRIPTION	POST REF.	DEBIT (-)		CREDIT (+)		BALANCE	

ACCOUNT : ACCOUNT# : SHEET :

DATE		DESCRIPTION	POST REF.	DEBIT (-)		CREDIT (+)		BALANCE	

ACCOUNT : **ACCOUNT# :** **SHEET :**

DATE		DESCRIPTION	POST REF.	DEBIT (-)		CREDIT (+)		BALANCE	

ACCOUNT : **ACCOUNT# :** **SHEET :**

DATE		DESCRIPTION	POST REF.	DEBIT (-)		CREDIT (+)		BALANCE	

ACCOUNT : **ACCOUNT# :** **SHEET :**

DATE		DESCRIPTION	POST REF.	DEBIT (-)		CREDIT (+)		BALANCE	

ACCOUNT : ACCOUNT# : SHEET :

DATE		DESCRIPTION	POST REF.	DEBIT (-)		CREDIT (+)		BALANCE	

ACCOUNT : **ACCOUNT# :** **SHEET :**

DATE		DESCRIPTION	POST REF.	DEBIT (-)		CREDIT (+)		BALANCE	

ACCOUNT : ACCOUNT# : SHEET :

DATE		DESCRIPTION	POST REF.	DEBIT (-)		CREDIT (+)		BALANCE	

ACCOUNT : ACCOUNT# : SHEET :

DATE		DESCRIPTION	POST REF.	DEBIT (-)		CREDIT (+)		BALANCE	

www.ingramcontent.com/pod-product-compliance
Lightning Source LLC
Chambersburg PA
CBHW080932170526
45158CB00008B/2261